长江三峡水利枢纽安全保卫条例

中国法制出版社

长江三峡水利枢纽安全保卫条例
CHANGJIANG SANXIA SHUILI SHUNIU ANQUAN BAOWEI TIAOLI

经销/新华书店
印刷/涿州市新华印刷有限公司
开本/850×1168 毫米 32　　印张/0.75　字数/8 千
版次/2013 年 9 月第 1 版　　2013 年 9 月第 1 次印刷

中国法制出版社出版
书号 ISBN 978-7-5093-4835-2　　定价：4.00 元

北京西单横二条 2 号　邮政编码 100031　　传真：66031119
网址：http：//www.zgfzs.com　　**编辑部电话：66066627**
市场营销部电话：66033296　　**邮购部电话：66033288**

目　　录

中华人民共和国国务院令

第 640 号

《长江三峡水利枢纽安全保卫条例》已经 2013 年 7 月 12 日国务院第 16 次常务会议通过，现予公布，自 2013 年 10 月 1 日起施行。

总　理　李克强

2013 年 9 月 9 日

长江三峡水利枢纽安全保卫条例

第一章　总　　则

第一条　为了加强长江三峡水利枢纽安全保卫工作，维护长江三峡水利枢纽的安全和秩序，制定本条例。

第二条　国家设立长江三峡水利枢纽（以下简称三峡枢纽）安全保卫区，依照本条例的规定对三峡枢纽实施保护。

第三条　三峡枢纽安全保卫区的范围包括三峡枢纽及其周边特定区域，分为陆域安全保卫区、水域安全保卫区、空域安全保卫区。

陆域安全保卫区、水域安全保卫区实行分区安全保卫制度，具体范围的划定和调整，由湖北省人民政府确定并公布。

空域安全保卫区为陆域安全保卫区、水域安全保卫区上空的低空空域。

第四条 三峡枢纽安全保卫工作坚持预防与应急处置相结合、专门机关管理与人民群众参与相结合、安全保卫与经济社会发展并重的原则。

第五条 国家统一领导三峡枢纽安全保卫工作。国务院公安、交通运输、水行政等部门和三峡枢纽运行管理单位依照法律、行政法规和国务院确定的职责分工负责三峡枢纽安全保卫有关工作。湖北省人民政府、宜昌市人民政府对三峡枢纽安全保卫工作实行属地管理。

第六条 任何组织或者个人都不得危害三峡枢纽的安全，发现危害三峡枢纽安全的行为和隐患应当立即报告。

对保护三峡枢纽安全作出突出贡献的组织和个人，按照国家有关规定给予表彰奖励。

第七条 三峡枢纽安全保卫工作所需经费，由有关人民政府和单位按照职责分工和规定的经费负担体制予以保障。

第二章　陆域安全保卫

第八条　陆域安全保卫区划分为限制区、控制区、核心区。各区的周边界线应当设置实物屏障或者警示标志，各区的出入口和重点部位应当配备警戒岗哨或者技术防范设施。

第九条　限制区是限制无关车辆接近三峡枢纽的区域。车辆凭限制区通行证方可进入限制区。

人员可以徒步进出限制区。但是，根据三峡枢纽安全保卫工作的需要，三峡枢纽运行管理单位可以临时限制人员通行。

第十条　控制区是限制无关车辆和人员接近三峡枢纽，并在紧急情况时提供有效缓冲和防护的区域。车辆和人员凭控制区通行证并按规定接受安全检查方可进入控制区。

第十一条　核心区是实行封闭式管理的区域。核心区实施下列安全保卫措施：

（一）出入口和重点部位由人民武装警察部队设置岗哨，车辆、人员凭核心区通行证、接受安全检查并确认资格身份方可通行；

（二）物资凭有效的物资转场、外运、内运申请单通行，必要时在出入口对所有通行物资进行危险物品检测；

（三）配备覆盖全区的视频监控等技术防范设施，实施全天候安全巡查。

第十二条 进入陆域安全保卫区的车辆、人员的通行证件，由三峡枢纽运行管理单位核发和管理，并报公安机关备案。

第十三条 严禁非法携带枪支、弹药、国家规定的管制器具或者非法运输危险物品进入陆域安全保卫区。

因施工作业等需要运输危险物品进入陆域安全保卫区的，应当经三峡枢纽运行管理单位同意，并依法报公安机关批准。

第十四条 在陆域安全保卫区活动的人员不得有下列行为：

（一）超越通行证限定的范围活动；

（二）通过设有禁止通行标志的区域；

（三）攀爬、钻越、移动、损毁实物屏障或者警示标志；

（四）扰乱管理秩序和危害设施安全的其他行为。

第十五条 未持有效的通行证件或者拒绝接受安全检查的车辆、人员，禁止进入陆域安全保卫区。安全保卫人员对非法进入或者违反本条例第十三条、第十四条规定的车辆、人员，应当立即制止；对不服从管理的，应当立即依法予以控制并移送公安机关处理。

第三章 水域安全保卫

第十六条 水域安全保卫区划分为管制区、通航区、禁航区。各区的周边界线应当设置警示标志，配备警戒岗哨或者技术防范设施。

第十七条 管制区是对拟通过三峡枢纽通航建筑物（以下称过闸）的船舶进行安全检查、防止未经批准通过的船舶接近三峡枢纽的缓冲水域。进入管制区的船舶，应当遵守下列规定：

（一）过闸船舶应当按照国务院交通运输部门规定的程序和要求，提前向三峡通航管理机构报告；

（二）不得运输国务院交通运输部门规定禁止过闸的危险物品；运输其他危险物品过闸的，应当向三峡通航管理机构申报，不得伪报、瞒报；

（三）不得进行容易引发火灾、爆炸事故的检修作业；

（四）不得在集泊期间上下除本船船员以外的其他人员或者装卸物品；

（五）不得抢航、追越或者有其他扰乱水上交通秩序的行为。

第十八条 通航区是由三峡通航管理机构统一指挥调度过闸船舶进出引航道和通航建筑物的特定区域。

船舶应当按照调度指令有序进出引航道和通航建筑物，不得在通航区内擅自停泊，不得抢航、追越或者有其他扰乱水上交通秩序的行为。过闸期间船员、乘客不得擅自离开本船，不得攀爬通航建筑物。

第十九条 禁航区是禁止船舶和人员进入的水域。除公务执法船舶以及持有三峡枢纽运行管理单位签发的作业任务书和三峡通航管理机构签发的施工作业许可证的船舶外，任何船舶和人员不得进入禁航区。

禁航区应当设置人民武装警察部队岗哨。

第二十条 对因机械故障等原因失去控制有可能进入水域安全保卫区的船舶，三峡通航管理机构应当立即采取措施使其远离。

对违反规定进入管制区、通航区的船舶，公安机关、三峡通航管理机构应当立即制止并将其带离。

对违反规定进入禁航区的船舶，人民武装警察部队执勤人员应当立即进行拦截并责令驶离；对拒绝驶离的，应当立即依法予以控制并移送公安机关处理。

第二十一条 运输危险物品过闸的船舶，应当按照规定的方式、时间过闸，不得与客运船舶同一闸次通过，除核定船员和押运人员外，禁止其他人员随船。

第四章 空域安全保卫

第二十二条 在空域安全保卫区飞行的航空器，应当严格按照飞行管制部门批准的计划飞行。

第二十三条 禁止在空域安全保卫区进行风筝、孔明灯、热气球、飞艇、动力伞、滑翔伞、三角翼、无人机、轻型直升机、航模等升放或者飞行活动。

第二十四条 负有三峡枢纽安全保卫职责的部门和单位，应当加强对空域安全保卫区安全情况的动态监控，发现违反三峡枢纽空域安全保卫规定的升放或者飞行活动，应当立即协调有关部门查明情况，依法采取必要的处置措施。

第五章 安全保卫职责

第二十五条 国务院确定的机构负责沟通协调和研究解决三峡枢纽安全保卫工作中的重大事项。

湖北省人民政府负责组织建立由长江流域各省、直辖市人民政府以及国务院有关部门和单位参加的三峡枢纽安全保卫指挥系统，制定三峡枢纽安全保卫方案，并做好信息沟通和汇总研判工作。

宜昌市人民政府负责组织建立由三峡枢纽运行管理单位、三峡通航管理机构、公安机关、人民武装警察部队等组成的三峡枢纽安全保卫指挥平台，统一管理三峡枢纽安全保卫工作。

三峡枢纽运行管理单位应当加强与三峡安全保卫

区内其他机构、单位的沟通协调，并依法提供必要的保障和业务指导。

第二十六条 宜昌市人民政府应当会同三峡枢纽运行管理单位加强三峡枢纽安全保卫区及其周边地区社会管理综合治理，落实治安联防制度，维护社会秩序，防范针对三峡枢纽的破坏活动。

第二十七条 负有三峡枢纽安全保卫职责的地方人民政府应当组织开展经常性的安全宣传教育，提高社会公众安全防范意识和能力。

三峡枢纽周边地区的村民委员会、居民委员会、企业事业单位应当根据所在地人民政府的要求，结合各自的实际情况，开展三峡枢纽安全保卫和应急救援知识的宣传普及活动。

第二十八条 三峡枢纽运行管理单位是安全生产、治安保卫重点单位，应当依法落实安全生产、治安保卫重点单位职责，建立安全运行监测体系；对重要部位、特种设备进行重点排查梳理，加强对重要岗位工作人员的背景审查及其身份核对。

湖北省人民政府、宜昌市人民政府应当定期对三峡枢纽运行管理单位依法履行上述职责的情况进行监督检查，发现问题及时督促改正。

第二十九条 三峡枢纽运行管理单位应当加强计算机信息系统安全保护工作，依法落实信息安全等级保护制度和技术标准，建立安全管理制度、完善技术保护措施，做好通报预警、安全监测、应急处置等工作，发现危害计算机信息系统安全的情况应当立即向公安机关报告。

公安机关应当加强对三峡枢纽运行管理单位计算机信息系统安全保护工作的监督、检查、指导，发现影响计算机信息系统安全的情况应当及时通知三峡枢纽运行管理单位采取安全保护措施。

第三十条 三峡枢纽运行管理单位是消防安全重点单位，应当依法落实消防安全重点单位职责，配备消防设施和消防器材，建立消防安全制度和操作规程。

湖北省人民政府、宜昌市人民政府应当针对三峡枢纽安全保卫工作加强公安消防队、专职消防队建设，及时组织消除火灾隐患。

第三十一条 在三峡枢纽安全保卫区范围内设立或者调整游览项目，应当由三峡枢纽运行管理单位制定游览项目实施方案，报湖北省人民政府审批。湖北省人民政府应当组织有关部门和单位对设立或者调整的游览项目进行安全风险评估。三峡枢纽运行管理单位应当按照批准的游览项目实施方案组织游览活动，不得擅自扩大范围、增设游览项目。

根据三峡枢纽安全保卫、生产运行、防汛抗旱、水资源调度等需要，三峡枢纽运行管理单位可以会同有关部门控制进入游览区域的游客人数、暂停部分或者全部游览项目，并将相关信息及时予以公布。

第三十二条 长江流域各港口、码头应当建立由经营管理单位法定代表人负责的安全保卫制度，消除拟进入三峡枢纽安全保卫区的船舶的安全隐患。

拟进入三峡枢纽安全保卫区的船舶应当建立由船舶所有人、经营人负责的安全保卫制度，依法对船员、乘客和货物进行安全检查和登记。

第三十三条 三峡通航管理机构应当依照本条例和国务院交通运输部门制定的三峡枢纽通航安全管理

规定，对拟过闸的船舶进行安全检查、航运调度指挥。

第三十四条 负有三峡枢纽安全保卫职责的地方人民政府、部门和单位，应当按照《中华人民共和国突发事件应对法》的规定，制定各类突发事件的应急预案，组织培训应急救援专业力量，定期开展联合演练；三峡枢纽运行管理单位应当对三峡枢纽安全保卫区内发生的突发事件进行先期处置。

第六章 法律责任

第三十五条 有下列行为之一的，由公安机关责令改正，予以警告，对单位可以处5万元以下罚款，对个人可以处1000元以下罚款：

（一）违反本条例第十三条的规定，非法运输危险物品进入陆域安全保卫区的；

（二）违反本条例第十四条的规定，扰乱陆域安全保卫区管理秩序或者危害设施安全的；

（三）违反本条例第十五条的规定，非法进入陆域安全保卫区的；

（四）违反本条例第十九条的规定，人员非法进入禁航区的；

（五）违反本条例第二十三条的规定，非法进行升放活动的。

第三十六条 有下列行为之一的，由交通运输部门责令改正，予以警告，对单位可以处10万元以下的罚款，对个人可以处2000元以下罚款：

（一）违反本条例第十七条、第十八条的规定，非法进入管制区、通航区，或者进入后不服从管理的；

（二）违反本条例第二十一条的规定，非法运输危险物品过闸的；

（三）违反本条例第三十二条的规定，导致进入三峡枢纽安全保卫区的船舶存在安全隐患的。

第三十七条 负有三峡枢纽安全保卫职责的地方人民政府、部门和单位及其工作人员违反本条例规定，不依法履行三峡枢纽安全保卫职责的，对直接负责的主管人员和其他直接责任人员依法给予处分。

第三十八条 违反本条例规定，同时违反其他法律、行政法规规定的，由有关行政管理部门依照其他法律、行政法规的规定从重处罚。

第七章　附　　则

第三十九条　涉及三峡枢纽水库大坝安全、企业事业单位内部治安保卫、内河交通安全管理、电力设施保护等事项，本条例未作规定的，依照有关法律、行政法规的规定执行。

第四十条　葛洲坝水利枢纽的安全保卫规定，由湖北省人民政府参照本条例制定。

第四十一条　本条例自 2013 年 10 月 1 日起施行。

国务院法制办负责人就《长江三峡水利枢纽安全保卫条例》有关问题答记者问

日前，国务院总理李克强签署国务院令，公布《长江三峡水利枢纽安全保卫条例》，自2013年10月1日起施行。对此，国务院法制办公室负责人16日就《长江三峡水利枢纽安全保卫条例》的有关问题回答了记者的提问。

问：为什么要制定该条例？

答：长江三峡工程是世界最大的水利枢纽工程。2010年，三峡水库首次成功蓄水至175米，标志着三峡工程的防洪、发电、通航、补水等各项功能均达到设计要求，综合效益开始全部发挥。2012年7月，三峡电站左岸电厂、右岸电厂、地下电厂共32台水轮发电机组全部投产，双线五级船闸年过闸运输吨位超过1亿吨。长江三峡水利枢纽的安全运行直接关系到华东、华中、华南的用电以及下游防洪区域1500多万人民群众的生命和财产安全。

近年来，有关部门、地方人民政府和三峡集团公司按照国务院规定的职责分工，形成了一系列行之有效的安全保卫制度和措施，对保卫三峡枢纽安全发挥了重要作用，也为三峡枢纽安全保卫立法奠定了实践基础。随着三峡枢纽投入全面运营，其安全保卫任务更加突出，安全保卫立法的条件也更加成熟。

问：条例规定了哪些具体的安全保卫措施？

答：条例分别规定了三峡枢纽陆域、水域、空域的安全保卫措施。条例将陆域安全保卫区划分为限制区、控制区和核心区，将水域安全保卫区划分为管制区、通航区、禁航区，并按照注重不同区域间保卫制度的衔接和协调，加强三峡枢纽安全保卫与保障周边群众正常生产生活相平衡的原则，确立了有针对性、便于操作的安全保卫措施。

陆域、水域的安全保卫措施主要有：一是根据不同区域的安全等级，采取不同的出入管制和检查措施。二是明确了在陆域安全保卫区活动的车辆和人员、在水域安全保卫区活动的船舶和人员应当遵守的各项规定。三是明确了安全保卫区内危险物品运输的特殊规定。四是规定了对非法进入三峡枢纽安全保卫区域的车辆、船舶和人员的处置措施。

鉴于我国目前已有较为完备的空域管理法律法规，且空域防卫作战由军队负责，条例将空域安全保卫限定于低空空域，重点作了三项规定：一是航空器应按照批准的计划飞行。二是禁止进行风筝、孔明灯、热气球、飞艇、动力伞、滑翔伞、三角翼、无人机、轻型直升机、航模等升放或者飞行活动。三是加强对空域安全的动态监控，发现违反规定的升放或者飞行活动应当及时协调有关部门查明情况并依法处置。

问：条例规定了相关部门、单位的哪些安全保卫职责？

答：条例针对三峡枢纽的特殊性和安全保卫工作的重点，在十个方面明确了各责任主体在相关安全保卫领域的具体职责。明确了从中央、湖北省、宜昌市到三峡枢纽运行管理单位的四级安保工作协调机制牵头责任主体和重点职责。明确了宜昌市人民政府和三峡枢纽运行管理单位在确立治安联防制度、加强三峡枢纽安全保卫区及其周边地区社会管理综合治理方面的职责。明确了有关地方人民政府及三峡枢纽周边的村委会、居委会、企事业单位的安全宣传教育职责。明确了三峡枢纽运行管理单位在安全运行、内部治安保卫、安全运行监测、重要岗位人员管理等方面的职责，以及湖北省、宜昌市人民政府的监督检查职责。明确了三峡枢纽运行管理单位在计算机信息系统安全保护方面的职责，以及公安机关的监督、检查、指导职责。明确了三峡枢纽运行管理单位在建立消防安全制度、配备消防设施器材等方面的职责，以及湖北省、宜昌市人民政府加强消防队伍建设的职责。明确了三峡枢纽游览项目审批管理程序以及有关责任主体的管理职责。明确了长江流域各港口码头以及进入三峡枢纽安全保卫区的船舶的相关安全保卫职责，强化了码头和船舶管理责任人的安全责任制，从源头上预防威胁三峡枢纽的安全隐患。明确了三峡通航管理机构在过闸船舶安全检查、航运调度指挥方面的职责。明确了三峡枢纽突发事件应对制度和有关部门的职责。

问：对违反本条例的行为，规定了哪些法律责任?

答：一是规定了违反三峡枢纽陆域、空域相关规定的法律责任。

二是规定了违反三峡枢纽水域相关规定的法律责任。

三是规定了负有三峡枢纽安全保卫职责的相关政府、部门和单位及其工作人员不依法履行相关职责的法律责任。

四是对违反本条例规定，同时违反治安管理处罚法、民用航空法、企业事业单位内部治安保卫条例、通用航空飞行管制条例、危险化学品安全管理条例、内河交通安全管理条例等其他法律、行政法规规定的行为，为了确保本条例与上述法律法规的有机衔接、避免重复表述，同时体现三峡枢纽安全保卫的特殊需求，条例将违反本条例的行为作为违反上述法律法规的加重情节，规定依照其他法律、行政法规的规定从重处罚。